젓가락 공식

시에시선 **101**

젓가락 공식

한승필 시집

詩와에세이

시인의 말

『젓가락 공식』이란 시집의 제목을 설정해 놓고 보니, 내 푸른 청춘이 그렇게도 죽자 살자 매달렸던가, 하는 자괴감도 느껴진다.
  여하튼 가슴이 뿌듯하다.

2025년 10월
한승필

차례__

시인의 말 · 05

제1부

모과 · 13
젓가락 공식 · 14
못난 심사 · 16
섬은 바다를 떠나가지 않는다 · 17
순록의 뿔 · 18
수다방 · 20
나폴레옹 손 · 22
매미의 관절 · 24
카필라성 · 26
옴팡집 · 28
콩깍지 · 30
곰국 · 31
청국장 · 32
인동초, 임동꽃술 · 34

제2부

저녁 바다 · 39
몽고반점 · 40
내 안의 티베트 사내 · 42
토룡탕 · 44
맛보기 · 46
개울 건너 아이 · 47
양젖을 빨다 · 48
나제통문(羅濟通門) · 50
참깨처럼 · 51
처음 입맞춤 · 52
달팽이 집 · 54
안성맞춤 · 56
콩나물 · 58
우리 집 방송 · 60
높은 코 · 62
장날의 땅바닥 셈법 · 63

제3부

부서지는 꿈들이 너무나 많다 · 67
안개의 뼈 · 68
카트에 실려 · 70
황탯국 · 72
뜯어먹는 달력 · 74
청설모 · 76
지하상가에서 · 78
화살 · 80
호미질 · 82
뭉크 · 84
절규 · 86
황금박쥐 · 88
회 뜨다 · 90
거미집 · 92
시간 · 94

제4부

강남제비는 청운의 꿈나무다 · 99
산삼에 대하여 · 100
백마강 · 102
새우깡 · 104
팡세(pensees) · 106
라면 · 108
홍어가 그리운 날 · 110
막걸리 원조 · 112
폐업 · 113
바퀴에 대한 고정 관념 · 114
탑 · 117
금강에 취하다 · 120
질경이 · 122
소크라테스 · 124
지렁이 · 126

시인의 산문 · 129

제1부

모과

모과가 잘 났다면
이미 모과이기를 포기한
아니 변신을 꿈꾸는 변절자일 것이다
그렇다면 모과는 못나게 태어나야 모과인가

모과는 사람들의 입방아에 관심이 없다
못난 놈이라고 아무도 거들떠보지 않을 때
모과는 제 몸의 향기를 우려
온 세상에 퍼뜨린다

천상의 모과 향을 의심하는 자는
세상 어디에도 없겠지만
모과는 그렇게 못난 얼굴로
세 이름값을 알린다

못난 놈이라야 모과라고 인정받는

젓가락 공식

―수학의 공식은 내가 쓰는
시장식 계산과는 다르다
너무 길고 복잡하다
수학자들이 만들어 낸 공식이니 믿으라고
그러한 진실마저 부정하는
나는 장바닥 수학자―

수학은 언제나 하나 더하기 하나는 둘이라는
더하기와 빼기, 곱하기와 나누기의 기본 공식으로 시
작된다
 그러나 내가 풀이하는 수학 공식은
 이차원도 삼차원도 아닌
 길거리 장사의 덤은 더욱 아닌
 짜장이나 짬뽕의 면을 먹을 때
 반드시 나오는 나무젓가락이 기본이다
 처음 종이 포장 속 나무젓가락은 언제나 한 개다
 그것을 쪼개면 둘이 된다
 거기에는 더하기 빼기의 부호가 없다

쪼개지 않으면 면가락을 집을 수 없는
그냥 두면 하나고 떼면 둘이다
이토록 간단하고 편리한 수학이라니
갓난아기도 풀 것 같은
치매 걸린 노인도 풀 것 같은
젓가락만 그럴까
설마 그럴 리가, 세상은 언제나 원칙과 공식을 벗어나
배반의 분화를 끊임없이 반복한다
숫자의 공식에 매달린 현실은 눈뜬장님에
당달봉사들이다
도대체 그릇 안에 담긴 면 가락의 숫자를 어떻게 셀까
들면서 끊어지고 씹으면서 부서지는
그래서 수학은 수학자만의
끼리끼리 통하는 공통분모다

나의 공식이 쓸모없는 엉터리 발상이라고

믿어다오
나의 젓가락 셈법이 정답이란 걸

못난 심사

별밭을 밟고 가는 네 그림자에
꽃수레 하나 길을 멈춘다
노을이 갈라놓은 하늘길인가
처음처럼 빈손 들고 걸어가는 길

꽃 잔치도 버거운 서글픈 길에
꽃무덤이 손짓하는 그 길목에서
눈웃음만 흘리고 등을 보인 그대
멈추라는 한마디를 내뱉지 못한

못나디못난 심사

섬은 바다를 떠나가지 않는다

바다 위의 섬들은 움직임이 없지만
쉬지 않고 발가락을 꼼지락댄다
혼자면서 여럿이 모여 있는 섬
어쩌다 외톨이로 떨어진 섬도
발부리는 하나로 단단히 엉켜 있다

작은 바위섬일수록
그리움과 기다림이 물안개로 피어나는
바닷물이 마르거나 빠져나갈지라도
차마 바다를 밀어내지 못하는
섬은, 바위섬은
조금만 흔들려도 멀미를 한다

순록의 뿔

순록의 뿔은 마추픽추처럼
신의 손이 빚어낸
하늘 향한 잉카의 신전을 닮았다
높이 솟은 석축은 구름을 떠받치고
우주의 정기를 머리끝에 모은다
신의 축복으로 화관이 빛날 때
누가 눈길을 너에게로 던질까
새가 아니라면 누가
네 어깨에 앉아 노랠 부를까
몸을 도는 핏줄이 뼈처럼 굳어
타이가 숲에 솟아오른 날
노을을 끌어모은 순록은 안데스산맥을 달린다
마추픽추 저것은 수천 년 전 베링해를 건너온
순록의 혈이 굳어 하늘을 받친 잉카의 기둥이다
비바람 눈보라에 흔들리거나
뿌리가 뽑히지 않는
몽골리안의 단단한 변신술이다
아 마추픽추의 뿔

순록의 화관

수다방

우리 읍에도 옛날식 다방이 있다
커피 카페들이 늘어날 때마다
다방은 하나둘씩 문을 닫는데
나는 단 하나 허름한 수다방 구석에 앉아
엽차잔을 만지작거리다가
쌍화차나 녹차를 부른다
여긴 에스프레소도 아메리카노도 없지만
음악이 흐르고 블랙커피가 나온다
아무래도 다방에선 쌍화차가 제격인데
브랜드 없는 커피는
전문점이 아닌 어디라도 흔하다
창밖을 볼 수 없는 으슥한 지하 실내
위티가 사라지고
백설이 내린 사내 몇이 시간의 마차에 실려 간다
최백호의 노래 가사처럼
늙어가는 마담은 무슨 생각에 젖어 있을까
그녀는 턱을 괸 채 어디에도 시선을 주지 않는다
나는 언제나 혼자가 좋다

내가 세월에 떠밀려 가듯
수다방도 세월에 떠밀려 간다

나폴레옹 손

월남 지원으로 맹호가 되어
얀케패스 작전에서 청춘이 박살 난
박(朴)가 성 쓰다 손(孫)가 성을 되찾은
옆집 고참 선배는 800원짜리 나폴레옹을
청바지 뒷주머니에 꽂고 다녔다
나폴레옹 보나파르트는 알프스를 넘었지만
위스킨지 코냑인지 손바닥만 한 술 한 병에
나가떨어지기 일쑤였던
하사 계급 전투 수당 박통에게 날리고
홧김에 남의 소 궁둥이에 칼을 꽂은
손형은 얼마 뒤
인천에서 칭다오를 오가며
식품 무역하다 IMF로 부도났다는
나 역시 직행버스(막걸리에 소주를 탄 술)에 찌들어
한강의 기적을 넘지 못했던
그래도 궁색한 시절
나폴레옹 주둥이를 입에 달고 살았던
손 선배가 무척이나 부러웠다

아, 위대한 영웅 나폴레옹 보나파르트여
시월 유신의 쪼다 나폴레옹 손(孫)이여

매미의 관절

시절을 내팽개친 매미가 욕탕에서 쓰러진 뒤
흉터처럼 내 몸에서 떨어지지 않는다
아니 내 몸을 고목 껍질로 알고 있는 너는
성모병원, 정형외과 창문을 날아
삼 년째 문화원 옆 보건소를 들락거린다
용하다는 한방 수련의가
사지 곳곳 혈을 짚어 기를 뚫는
참 묘한 인연으로 매미는 단 한 번도
두 날개를 비비지 않는
맴맴 우는 건지 징징 짜는 건지
고슴도치 등이 돼야 몸이 열리는
그래도 난 매미가 울어줘야 하루가 편안하다
수매미가 우는 것은 노랫가락이지만
암매미가 우는 것은 징징 짜는 눈물이다
매미 울음에 청력을 잃은 두 귀가 쫑긋
내일도 암매미는 침을 놔야 울음보를 멈추겠지
사탕 물림 따위는 먹히지 않는
시도 때도 없는 매미 울음에

신통방통한 대책을 세우기도 전
여름이 또 들것에 실려 가는

카필라성

석가모니가 태어난 곳은 룸비니
지도 속 카필라성은
밀림이 우거진 네팔 남부
인도와의 접경 부근에 있다
발해의 동모산이 길림에 있듯
어디면 또 어떤가
문제는 카필라성 그 어디에도
석가의 설법과 불전의 자취가 없다는 것
부서진 돌부처 한 조각도
뉘 집 댓돌이나 주춧돌이 될 수 없는
무상한 세월의 흔적 같은 이끼만이
비바람을 견디며 바위틈에 피어났을
그리고 많은 손이
쓰다듬고 돌아갔을
부처는 고행길을 떠났겠지만
카필라성 터는 복원되지 않는다

부처의 이름만 귀에 머무는

노승의 염불은
연꽃 위를 떠다니고
부처의 치아가 안치됐다는
스리랑카 캔디 시 불치사(佛齒寺) 어느 절간
열반에 들었다는 카필라성 흔적 너머
망설이는 주검의 그림자 하나
무(無)에서 시작되어 무(無)로 끝나는
고뇌의 등신불 뒤
그 어둠의 빈자리에
영혼만이 촛불로 사그라든다

카필라성 터에는
고타마 싯다르타가 아직 귀향하지 않았다

옴팡집

한때, 우리 동네에 옴팡집이라는 술집이 있었다
그 집 주인은 깡다구란 별명의 60대 할머니
참모 격의 행동 대장은 손주며느리
남편은 동네 선배로 마음씨가 쑥이지만
형수 격 여편네는 바가지 씌우는데 선수였다
그래도 옴팡집은 영계들이 들끓어
젊은 사내들이 끊일 날이 없었는데
나는 늘 옴팡집을 경계했지만
어느 날 만취한 친구의 고집으로
바가지에 걸려들어 골방에 처박히고 말았다
주머니 몽땅 털리고 시계 빼앗기고
통행금지에 걸려 방범대원에게 주정 부리다
엉덩이 차이고 다행히 즉결 처분 면했지만
바가지에 된통 걸려 벌금까지 물었다

그 깡다구의 며느리에
바가지의 시어머니 90 객 노인이
지금, 내가 사는 아파트 같은 동에서 홀로 살고 계시다

착각하지 마시라
이 노인만큼은 천사처럼 착하고
바가지 남편 동네 선배는
수원 어느 교회 장로라던가
오래전, 깡다구도 죽고 바가지도 죽은 지금
길이 뚫린 옴팡집은 옛날에 사라진 색싯집 이름이다

콩깍지

　콩 농사가 잘되면 실한 콩알이 가지런히 여물고
　콩 농사가 안되면 쭈그러진 콩알이 듬성듬성 들게 된다
　비록 품 안의 자식이라지만 어미 품을 떠난 콩들은
　잘난 콩이나 못난 콩이나 어미의
　설침 같은 수식어(修飾語)가 귀에 들지 않는다
　농사를 짓는 일은 가꾸고 키워서 모두 떠내보내는 일
　어미는 애가 타서 말라 비틀린 쭉정이가 되지만
　빈 콩깍지엔 다시 콩알이 들지 않는다

곰국

도대체 뼈 속에서 뭐가 나온다고
하루를 꼬박 고아낸다고
잠도 안 자고 불을 지펴
우려낸다고

—내 몸은 고아봐야 우려봐야,
살 한 점 없는
국물도 안 나올 걸 어림없을걸
너무 우려먹어서

청국장

 담북장이라던가, 청국장이라던가
 만주 거란 소배압이 원조라는 말도 있지만
 호텔 양식만으로 수십 년 입이 달은 사촌동생이 고등학생일 때
 마루에 걸터앉아 청국장에 쓱쓱 밥을 비벼 먹는데
 나의 미국 친구 마크가 불쑥 집에 찾아와 갑자기 코를 막고 인상을 찡그렸다
 아니 어쩔 줄을 몰라 죽을상을 지었다
 그러건 말건 사촌동생은 날 잡아먹으라는 듯 청국장 비빔밥을 싹싹 먹어 치웠다
 ─그러던 코쟁이들이 지금은 발효 음식이
 건강에는 최고라며 김치 된장을 찾는다
 나는 스파게티 햄버거 피자 스테이크 등등 혀 꼬부라진 음식을
 없어서 못 먹는데
 그래도 가끔 속이 메스꺼울 땐 김치에 된장, 아니 청국장이지만

썩을 놈의 양키들
발효 식품이 그렇게도 좋으면
삭힌 홍어 삼합에 퀴퀴한 조개젓도 먹어보시지

인동초, 임동꽃술

임하댐 어귀 임동마을에는
해 넌마다 6, 7월에 인동꽃이 만발한다
봄부터 피어 가을까지
온 동네 담장 가를 붉게 물들이는
이 꽃을 마을 사람들은
인동초라 하지 않고
임동초라 부른다

수몰 전 마을에는
누구나의 가슴에 넝쿨을 뻗어
희고 노란 꽃잎이
천천히 붉어지는
임동 어머니는 흰 꽃잎만을 따
매해 술을 담갔다,
하얀 꽃이라야 약 성분이 강하다는,
임동꽃술로
실향의 아버지는 팔순을 넘겼는데

언덕으로 옮겨진 수몰민 마을
임동꽃도 따라서 자리를 옮긴
임하댐 어귀 임동마을에는
전화를 걸어도 귀로 받지 못하는
몇 잎 남은 임동꽃이
구시월 바람에 간들거린다

제2부

저녁 바다

달아나는 썰물에 무너지는 바다는
영원히 타오르는 여의주 하나
입에 물고 있군요

어디서나 삶을 향한 뒤척임은
갯벌을 기어가는 게처럼
욕심 없이 저 들어갈 구멍을 파고

하룻밤쯤
어둠으로 깨끗이 멱을 감은 뒤
내일 또 사람들은 묵묵히
오늘 일을 먼바다에 띄워 보내겠지요

몽고반점

시베리아라니,
순록의 무리가 설원을 짓쳐 가는
몽골리안 평원이다
베링해라니,
썰매로 넘나들던
몽골리안 얼음길이다
인디언 인디오는
어느 양코가 갖다 붙인 이름인지 몰라도
그들에겐 하늘만이 부르는 이름이 있다

어린아이 궁둥이 푸른 반점을 보라
어느 해협 해저라도
몽골리안 뼛조각은 혼불처럼 반짝인다
빙산으로 떠다닌
세월의 강을 건너
몰아치는 한설은 살갗을 뚫고
설야 위에 영령(英靈)의 그림자를 드리운다

누가 이 강을 도강했을까
푸른 빙하 점점이 핏방울이 튀었을
얼지 않는 혈관 따라
독수리 날개 펄럭이듯
그 기상이 남하했을
몽고반점이 눈을 키운
시리도록 푸른
알래스카 달빛 한쪽
시베리아라니,
베링해라니,
다시 돌려놓아라
몽골리안의
지울 수 없는 천부인(天符印)을

내 안의 티베트 사내

정확한 발음으로 불러주지 않아도
그 사내는 티베트 오지에서 날아온
비자의 스탬프 잉크도 채 마르지 않은
손가방 하나 달랑 든 노동 이민자
사실은 전생에도 가본 적 없는
그래서 거기에는 친구도 없는
내 안의 그 사내는 티베트 말도 잃어버린
고원의 초라한 유목민 촌놈
어쩌면 티베트로 가는 길 몰라
서울 근교 공단에 무작정 주저앉은
두 어깨가 축 늘어진 단순 노동자
목축이 업이지만 목장으로 가지 않고
손가락 마디마다 굳은살에 피멍이 든
망치질이 서투른 일용직이다

라싸의 포탈라궁에서 탈출한 달라이 라마 같은
긴 비행으로 불법(佛法)마저 허공에 날려버린
순한 야크 소몰이도 어설픈

보릿자루 등에 지고 소금을 찾아
대상 따라 히말라야산맥을 넘은 사내
혼을 담은 양털로 털실을 짜는
입김 더운 산처녀 품이 그리운
정말은 라마교 쓰러진 절간
흙벽 귀퉁이의 한 조각 탱화로 삶이 기울어진
눈 덮인 골짜기 자갈길을 걷는 사내

실업의 막다른 길목에 서서
오늘 밤만은 비단길에서
별들이 깔아 놓은 징검다리를
더듬더듬 기어가고 있다
나를 잊은 내 안의 티베트 사내

토롱탕

내 젊은 시절
윗집 아랫집 정가 박가
어르신 둘이 살 만하게 살았는데
티브이에서 선전하는 토롱탕을 드시면서
건강과 정력에는 이만한 게 없다며 무게 잡으면
막걸리에 찌든 고가 이가 김가 최가
가난했던 이웃 어른들은
토롱탕을 부러워했다
그런 몇 년 뒤
정가 박가 두 양반은
환갑도 못 넘기고
복상사로 깩 꼴라당 하셨는데
죽고 난 뒤에서야 드러난 사실은
토롱탕이 지렁이탕이었다는 것
삼룡사와 땅딸사가 인기를 끌며
매스컴을 뒤흔들던 시절
토롱탕은 역사의 뒤안길로 사라졌지만
지금 정가 마님께선 치매에 걸려

요양병원 벽에 똥칠하고 있고
토룡탕의 힘을 입어
영감의 사랑을 듬뿍 받은 박가 부인은
영감보다 더 먼저 세상을 떠났다는
토룡탕을 사내라면 모두 부러워하던 시절
정말 지렁이가 정력에는 그만이라는
어느 회사 사기꾼이 부도 맞고 쇠고랑 찬
한 시절 이야기다

맞는 말인지 틀린 말인지는
나도 모르는

맛보기

아무래도 세상에 공짜는 없다는데
맛을 봐야 맛을 아는 맛뵈기는 공짜다
삶도 맛을 본 뒤
다시 살순 없을까
인심 후한 엿장수는
장사가 잘되거나 안되거나
맛뵈기나 우수를 준다
노름판의 개평은 더욱 후해서
남의 쌈짓돈을 내 돈처럼 뿌린다
엿장수나 노름꾼은 누구보다도
씀씀이가 후덕하다
맛을 봐야 맛을 아는 삶도
맛만 보고 지나칠 순 없을까

에라, 삼 년은 더 빌어먹을 놈아!

개울 건너 아이

개울 건너 아이들과의 패싸움은 시시하다
막대 창을 휘두르고 찔러댄다고
개울 건너 아이들이 씨아시된 맥주가 될 리 없는
불 칼을 휘두른들 외눈 하나 깜짝 않을
결국은 주먹과 발차기가 앞서는 난장의 육박전
개울 건너 아이들과의 패싸움은 전쟁놀이가 아니다
무슨 오해나 악감정에 사무친 복수전도 아니다
그 마을에도 우리 학교 우리 반 짝꿍이 있다

내일이면 한 책상 한 의자에 앉아
못다 푼 숙제 담임 몰래 주고받을
저나, 나나 동네 형들에게 끌려온 병정개미
시험 시간엔 서로가 커닝도 눈감아 주는
그러나 너는 내일 다시 막대 창을 들고 나올
개울 건너 아이다

양젖을 빨다

우유를 처음 먹은 기억은
소젖이 아닌 양젖이었다
엄마 젖 대신 미음을 먹고 자란 나는
젖이 마냥 그리웠다 빨고 싶었다
태아의 자궁이 그리웠던 것일까
본능처럼 느껴지는 탐스러운 욕망으로
우유라는 향수에 젖어 있었다
열다섯에 처음으로 입에 댄 우유는
엄마 젖도 소젖도 아닌 양젖이었다
주인 몰래
짓궂은 친구 네 명이 양다리를 잡고 있을 때
나는 새끼 양처럼 밑에 누워
풍선처럼 부푼 양젖을 두 손으로 움켜쥐고
수도꼭지에 입을 대듯 쭉쭉 빨아 넘겼다
엄마 냄새 같은 상큼한 풀 내음이
목젖을 타고 비릿하게 넘어갔다
엄마의 살맛이 전율을 일으켰다
나는 엄마 맛을 넘기고 있었다

양젖이 아닌 엄마의 젖이었다
우연히 맛본 첫 경험이었다

나제통문(羅濟通門)

무주 설천면과 무풍면 사이
경상도로 통하는 작은 굴로 뚫린 길이 있다
백제가 뚫었는지 신라가 뚫었는지
서로 견원지간이라지만
지금도 옛날에도 사람들이 오고 간다
길은 외길 차가 지날 때는
이쪽저쪽 한쪽이 기다리며 양보하는
여기는 지금 어느 나라 경계인가
왜, 제나통문이 아닌 나제통문이라 부르는가

참깨처럼

나는 참깨처럼 고소한 시를 쓰지 못한다
고소한 삶 살아보지 못해서
고소한 사랑 하지 못해서
방앗간 기계에서 막 짜낸 기름은 너무 고소해
참기름 향기에 취해보지만
참기름의 참 자(字)를 가슴에 새겨
참기름의 참맛을 말할 수는 없는 일

참깨처럼 세상을 굴러갈 순 없어도
더딘 걸음 묵직하게 뗄 수 있다면
참깨처럼 세상을 굴러가도 좋겠지
이제라도 고소한 삶 살아보고 싶은데
고소한 사랑도 하고 싶은데
참새처럼 방앗간 문 앞을 서성이는

그래도 아직 나는
참깨처럼 고소한 삶을 쓰지 못한다

처음 입맞춤

쌉싸래한 갯내음이 혀가 아닌
목덜미로 감겨왔다
너의 심장이 두근두근 뛰는 소리도
모래알이 부서지듯 잘게잘게 들려왔다
나는 나도 모르게 질끈 눈을 감아버렸다

세상과 단절할 심사도 아니면서
네가 나의 닫힌 맘을
빛이 내린 마당으로 끌어내고 있을 때
나는 작은 새처럼 왠지 모를 두려움에
땅속으로 자꾸자꾸 침잠(沈潛)하고 있었다

깨지는 유리처럼 가슴이 내려앉는

피와 피가 섞이는 나른한 봄날
잠잠하던 바다가 출렁이고 있었다
갑자기 숨결이 차올라왔다
너에게서 그토록 무겁고 질긴

점액질의 장미향이 흘러나올 줄이야

나는 한참을 양지쪽에서
졸고 있는 새처럼 눈을 뜨지 못했다
드디어 새가 날듯 내 품을 떠난 네가
후다닥 방안으로 뛰어들고 있었다
나는 발바닥이 떨어지지 않았다

붉은 동백이 뚝뚝 떨어지는 날이었다

달팽이 집

달팽이는 처음부터
제집 한 채 등에 지고 태어난다
달팽이 나라에는 복덕방이 휴업이다
등기소는 아예 없다
달팽이는 형제끼리도
네 집 내 집 다툴 일이 없다
아무 데나 적당히 터를 잡고 머무는 곳
마음의 고향에서 달팽이는 사랑하고
이웃들과 오순도순 정을 나눈다
누가 달팽이 나라의 평화를 깨뜨릴까
느린 걸음으로 세상을 살아가는
습지를 찾아 떠도는 삶이지만
달팽이에게도 조국은 있고
포근한 집이 있다
늪으로 기어든 달팽이 집은
태풍에도 쉽사리 날아가지 않는다
떠도는 집이라고 우습게 보지 마라
누가 밟는다면

쉽게 깨지거나 무너지겠지만
촉수만을 휘저으며 달팽이는 기어간다
집을 업고서
집을 끌고서

안성맞춤

이 세상에 내 몸에 딱 맞는 맞춤옷은 없다
기성복 역시 내 몸에 딱 맞을 리 없다
이 구석 저 구석 꼼꼼히 살펴봐도
어딘지 모르게 마음에 들지 않는 곳이 나타난다
맞춤옷 역시
안성의 유기그릇처럼
내 맘에 쏙 드는 맞춤일 리 없다
밥그릇이나 국그릇을 상중하로 만들지라도
거기에서 세분하면
간장 종지도 나올 것이다

안성맞춤이라니
고르고 고르다 보면
몸에는 딱 맞을지 몰라도
눈과 마음에까지 썩 내키진 않을 것이다
천생배필도 그러거늘
양복도 밥그릇도 적당한 크기 적당한 양만 퍼서
맞춰 입고 맞춰 먹으면

이게 바로 딱 맞는 안성맞춤이다

콩나물

너를 처음에는 콩이라고 불렀는데
어둠에 갇혀 물고문을 당한 뒤
오기(傲氣)가 자라 뿌리를 내리더니
나물이란 이름이 덧붙여졌다
성은 콩 씨요
이름은 나물
콩나물이 된 것이다
지독한 고독을 앓은 뒤의 꼬리표 같은
나는 네 이름의 내력을
이제 조금은 알 것 같다
몇 날 며칠의 끈질긴 심문 끝에
관등 성명과 원적지가 드러나고
콩나물이 된 것이다
이제 더는 다른 이름으로 불릴 수 없는
경고성의 노란 딱지가 붙은 다음
네 얼굴이 양념이란 화장을 하고
밥상 위에 올려진 날
정신없이 달려드는 젓가락과 수저들

무침도 되고 국도 되어
그렇게 너는 온몸이 부서지고 찢겨 나간다
여리디여린 몸을 짓밟고 간
세월의 바퀴 자국 피해갔다 할지라도
누가 너의 상처를 보듬어 줄까
누가 너의 부서진 영혼을 돌려줄까
뿌리를 내릴 수 없는 것들은
뿌리가 있다 해도 허공에 뜨기 마련
너의 짧은 명(命)은
콩나물이란 이름으로 불렸을 때
이미 하늘이 정한 길을 걷고 있었다

우리 집 방송

우리 집 지붕 위에 고성능 위성 안테나를 세워
방송국 하나 차려야겠다
케이블이나 방송 삼사보다 작아도 좋다
송신이 빛보다 조금은 느린
뉴스나 시사 평론은 절대 금지다
연속극 오락프로도 절대 금지다
재방송은 더더욱 절대 금지다
이빨 까는 앵커나 기자들은 모두 꺼져라
내가 내 맘대로 진행하는
CNN 방송처럼 백 퍼센트 생방송
누가 볼까, 보든 말든
아무나 보는 방송이면 안 되지, 조금 민망한
애인과 둘이 보는 개수작 방송
무조건 내 말만 함부로 지껄이는 입방망이 방송
애인과 마주 앉아 낄낄거리는 똥따리 방송
대한민국 우리 집 코미디 방송
욕도 퍼붓고 드잡이도 찍어 날리는 더러운 방송
엄포도 놓고 깽판도 치는 무허가 방송

눈 터지게 보든 말든 시청료는 무료다
삼사나 케이블보다
눈이 입이 귓속이 시원한 개똥 방송

고성능 안테나를 높이 세우면
누군가의 표적이 되어 미사일 한 방 얻어맞겠지
사실 시청자는 이런 방송 하나쯤 있었으면 하는
바람이겠지
간절하겠지 침 흘리겠지

높은 코

　나는 높은 코가 세상에서 제일 잘 생긴 코라고 믿었다
　아무튼, 부러웠다
　세상에서 제일 높은 코는 양키 코 그 코를 따를 만한 코는 없다고 생각했다
　아아, 대체로 코가 낮아 불쌍한 우리 민족
　그러나 내 아들 내 아버지는 양키보다 코가 높다
　멘델의 법칙인가 나와 내 손자는 왜 코가 낮을까
　아무래도 코가 낮아 불쌍한 우리 가족
　그러나 얼마 전 뭉태코에 매부리코 뾰족코에 벌렁코인 양키들의 못난 코를 보았다
　─치, 별것도 아닌 것들
　알고 보니 나직한 봄 언덕 같은 내 애인의 코가 더 친숙하고 예쁘던데
　돗자리 같은 내 멍석코는 또 얼마나 복스러운데
　이제, 송곳 같은 양키의 뾰족코 더는 부러워하지 말자
　허겁지겁 살다 보니
　내 코가 양키코보다 석 자 더 길어졌다

장날의 땅바닥 셈법

5 더하기 5는 10
잘 나가다가 7 곱하기 7은 39
39에 10을 더하니까 49
이 계산은 내가 상대에게 물건값을 치를 때
내가 물건값을 받을 때는
5 더하기 5는 10
8 곱하기 8은 88
88에 10을 더하면 98
그렇게도 계산이 되는

그래도 다시 돌아와 따지는 사람은 별로 없는
계산기가 아닌
땅바닥에 막대기로 직직 그어서 하는
따끈한 국밥 같은
즉석 땅바닥 계산법이니까

장날엔 더러 그런 셈법도 통했다는
지난 이야기

제3부

부서지는 꿈들이 너무나 많다

내게 신도시를 설계하라면
나는 먼저 옛길을 남겨두겠다
누군가의 손때를 지우기 싫으니까
쓰러지는 폐가도 헐지 않겠다
그건 세월과 비바람이 알아서 할 일

신도시의 새 길은
시가지의 중심 밖을 돌아야 한다
헐고 부수는 일은 과거를 지우는 눈보라 같다
멀어진 기억을 누가 다시 찾아줄까
상처 위에 꽃송이를 피워내는 일
세월만이 할 일이다
신도시를 정말로 세우려거든
차라리 허허벌판 사막에다 세워라
물결 출렁이는 바다에다 세워라
낯섦도 상처를 건드리는 일
부서지는 꿈들이 너무나 많다

안개의 뼈

안갯속에도 뼈가 있다
뼈가 없는 안개라면
여기까지 걸어오지 못했을 거다
대궐 같은 안개의 집도 짓지 못했을 거다
기둥 없는 집이 어디 있으랴
대들보 없는 집이 어디 있으랴
안갯속에는 아무것도 눈에 띄지 않는다
그 무엇도 안개는 보여주지 않는다
누구나 몸은 뼈가 받쳐주는 것인데
뼈는 동물이나 나무에만 있는 것이 아니라
풀에도 있고 물에도 있다
풀이 바람에 넘어지지 않고
물이 바람에 흩어지지 않는 것은
보이지 않는 뼈와 뼈가 엮여 있기 때문이다
뼈가 없다면 안개의 지붕은 날아갔을 것이다
우린 누구나 안갯속에 살고 있다
안갯속에서 서로를 부둥켜안은 너와 내가
안개의 기둥과 대들보 역할을 한다

너와 나는 안개의 뼈일지도 모른다
안개는 비밀을 지키는 게 목적인지
그 어떤 물음에도 입을 열지 않는다
안개는 뼈에 대해
영원히 입을 다물지도 모른다

앞으로도 영원히 그럴 것이다
발자국의 흔적조차 남기지 않는

카트에 실려

카트에 실린 상품이 되어
나도 어딘가에 팔렸으면 좋겠다
보세품 같은 나의 가치는
고가가 아니라도 괜찮다
저렴하면 또 어떤가
가격은 이미 정해진 것
정찰 판매라면 값을 깎는 일은
불가능한 일
마트가 할인 판매를 하더라도
원가 이하로는 떨어지지 않는 상품이면 좋겠다
그렇다면 누군가의 필요로
소비자의 품에 안길 것이다

그런 소비자가 당신이면 좋겠다
봄볕 따스한 당신의 눈길이면 좋겠다
나는 당신에게 졸라대리라
어서 뜯어보라고
마음에 꼭 들길 소망하며

마지막으로 카트에 부탁한다
나를 아기처럼 다루라고
부탁하지 않아도 되는 말을 남기며
고맙다 카트야

나는 당신만의 상품이니까

황태국

눈보라 치는
겨울 아침 밥상머리
술꾼의 입맛인가
술을 멀리한 지 수십 년이 흘렀지만
아직도 내 입에는 황태국이다
가늘게 쭉쭉 찢은 살에 대파 송송 썰어 넣고
달걀 한 개 풀어 넣은 담백한 맛
편식은 아니지만
국물에 녹아든 황태 맛을 아무도 모른다
나는 또 어젯밤 꿈속에서
거나하게 취했나 보다
술은 한 잔도 든 적 없는데
황태의 맑은탕 국물이
몸에 밴 술기운을 되살린다
여자들은 상상 임신도 한다는데
상상 음주도 가능한 걸까

폭설에 길이 막혀 답답한 날엔

강원도 인제 어디쯤 용대리 산골바람 맛이 든
황탯국 한 대접에 속이 확 풀어진다

뜯어먹는 달력

옛날도 아닌 얼마 전 일로
하루에 한 장씩
아침으로 뜯어내는 달력이 있었다
다시 말해 일력이다
돌아가신 외조모는 그 일력을
뜯어 먹는 달력이라 불렀다
습자지만큼 얇은 종이
그 한 장으로 뇌신보다 쓰디쓴 풍년초 담배를
하루에도 몇 대씩 말아 태우셨다
담배라기보다는 독초라고 불러야 할
새벽이면 정확하게 새날이 밝아옴을 수탉처럼 알려준
마루방 벽에 걸린 일력

지금도 뜯어내는 달력이 필요할까
만들어질까, 만약 있다 해도
외조모가 안 계신 지금 뜯는 이가 없다면
날짜를 정확하게 짚어낼지 의문이다
혹시 누가 급해서 한두 장 뜯어 코를 풀어버리면

아니 풍년초를 더는 말아 피울 일 없는
그렇게 날짜가 자꾸 쌓이면
뜯어 먹는 달력에서 뜯어내는 일력으로
제 이름을 찾아본들
이젠 아무런 의미가 없는
차라리 매일매일 시답잖은 내 시라도
누가 하루에 한 장씩만 뜯어주면
최초의 뜯어먹는 시집이 되겠지만
풍년초가 사라진 풍요로운 세상에
뜯어먹는 시집이라
공짜로 뜯어 드시라 해도 드시지 않을
너무 얇아서
화목 보일러 불쏘시개로도 마땅찮은
옛날로 돌아가 뜯어먹는 일력이나 된다면
알고 보면 우리 삶은 하루하루를 뜯어먹고 살아가는

뜯어도 안 뜯어도
어차피 세월은 뜯기면서 지워지는

청설모

세상을 기는 놈 중
청설모처럼 나무를 잘 타는 놈은 없을 것이다
청설모는 아무리 높은 나무라도 꼭대기까지
재빠르게 올라간다
그러나 나무를 잘 타는 재주를 가졌다 해도
덩치 큰 놈 앞에서는 찍소리도 못 낸다
땅개보다 작은 몸으로는
세상을 발밑으로 굽어보지 못하니까

세상은 언제나 덩치 크고 힘센 놈들 차지다
그렇다고 청설모가 황소 뿔에 받히거나
말발굽에 밟힐 놈도 아니지만
키 큰 잣나무 꼭대기에 올라
쉽게 잣을 따는 것은 청설모뿐이다
다만 청설모는 자기가 점찍어 둔 잣이나 도토리를
몽땅 독식하지 못한다
덩치 큰 놈들 역시
세상을 혼자 독차지할 수 없지만

아무리 쉽게 얻은 재물이라도
욕심을 부린다고
다 자기 것이 될 수 없다
청설모는
그래서 슬프다, 빼앗기는 아픔에

지하상가에서

지하에도 삶은 숨 쉬고 있다
계단을 내려가며
지나온 삶을 손금 보듯 세어보는
지상에 펼쳐 놓은 꿈 조각들이
주머니 가득 보석으로 빛날 때
어둠이 나래 치는 사바에서
걸음이 힘겹지는 않을 것이다
삶은 언제나
내가 가진 모든 것을 자판 위에 펼쳐 놓고
누군가를 기다리는 상품 같다
나를 찾는 영혼의 그림자를 향하여
모두가 떠도는 구름이라면
지하에도 하늘은 펼쳐져 있고
세월 같은 강물은 흐를 것이다
갈망하는 눈빛으로
쇼핑의 즐거움은
한 가닥 물안개로 피어오르고
축제의 마지막은 피었다 지는

불꽃놀이 같은 것
나는 다시 계단을 밟고 지상으로 나온다
희망은 어디서나 빛을 내리겠지만
밝은 곳이라도 길은 똑같다

지상이나 지하나

화살

촉을 끼운 화살 한 발
활시위를 떠날 때는
누군가의 가슴을 향해 날아갔을 것이다
명궁이 아니래도
궁수의 손을 떠난 살은 날아가
누군가의 가슴을 뚫었거나
송곳처럼 정확하게 어딘가의 중심에 꽂혔을 것이다
날개도 없이
비늘도 없이 너는 언제나 직선으로 날고
직선으로 헤엄친다
어쩌다가 표적을 벗어난 살은
허공을 맴돌다가
제 힘이 다한 순간 낙하한다
누구라도 활시위를 떠난 화살을 보고
돌이킬 수 없는 오늘을 탄식하리니
아무리 날카롭게 촉을 갈고 세워도
표적에서 벗어난 삶은 깃털처럼 가볍다
보아라,

내 무딘 야망도 어딘가에 꽂혔거나 떨어졌을 때
그 허공을 헤집고 간 그림자
돌아오지 않는다는
다시 찾지 않는다는

어디론가 날아간 화살촉 한 대
지금 되돌아보니
내 가슴 한복판에 박혀 있다

호미질

허리 구부러진 시골 아낙이
밭고랑에 쭈그리고 앉아
바닥을 긁어 잡초를 솎는 일
그걸 누가 모르랴
삽이나 곡괭이는
땅을 갈고 구덩이를 파지만
하늘은 늘 허리를 낮추라며
아낙의 손에 호미를 쥐여준다

결실을 기다리며 밭둑에 북을 주는
낮은 곳의 겸손함을
바람이 살짝 건들고 가면
키 큰 옥수수나 키 낮은 열무 또는 콩이라도
어린 새싹일 때
그 마음을 헤아려 준
아낙의 손맛에 더
무성하고 반듯하게 자랄 수 있다

뜨거운 땀방울에
알알이 영그는 세월 저 너머
씨앗은 땅속에서 발아하지만
허리 펴고 하늘을 쳐다보는 일
한평생을 두고도
퍼지지 않는 아낙의 허리만은
눈 크게 뜨고 지켜봐 두라

뭉크

인지도가 낮은 작은 면 소재지
가을이 저물던 어느 날
뭉크가 쪽 간판을 달고 문을 열었다
마담은 50을 훌쩍 넘긴 키다리로
내세울 미모도 아니면서
붉은 입술 외에는 언제나 민낯이다
젊은 아가씨 한 명이 오토바이로 차를 나르는
마담은 늘 심각한 표정으로
니체의 자라투스트라에 턱을 괴고 앉아
시간이란 명상에 끌려가고 있었다

천장이 낮은 실내 텅 빈 벽에는
뭉크의 그림 대신
반라의 여우 사진 달력이 걸려 있고
흘러든 소문에는 큰 도시 대학가 뭉크라는 이름의 찻집 출신이라는
궁금증을 견디지 못한 어떤 사내가 먼저 입을 열었다
"이름은 뭉크면서 왜 뭉크의 그림 한 점 없나요?"

그 물음에 마담은 픽 웃으며
"이름이 좋아서요."
"뭉크를 아시나요?"
"뭉크가 사람 이름인가요?"
뭉크는 그렇게 시골 마을을 떠돌다 얼마 뒤에 떠났다
사실은 그 누구도 몰랐던 이름

어디에서 또 뭉크가 문을 열고 있을지
작은 티켓다방,
이번에는 큰 도시 번화가에 자리를 잡았을지도
논픽션 기사 같은 진짜 뭉크가
내 머릿속에서 다시 문을 열고 있다
개업 장소 날짜는
아직은 미지수다

절규

스쳐 지난 인연 한 줄 만나자고
간이역에 나와 있다
비가 내린 날의 추억은 구차하고 쓰리다
빗물로 얼룩진 유리창은
지워진 환영을 모아들이고
역사(驛舍) 정면
벗겨진 지명들이 모자이크 처리될 때

네게 묻는다
뭉크의「절규」처럼 혼을 불태운
젊은 날의 공포감에 대해서
세월에 침몰 된 난파선처럼
나는 젖어 들고 오로라의 환상에
손바닥을 펴보면 꿈으로 떠오르는
물방울이 그려 놓은 수채화 한 폭
이슬 머금은 눈망울이 영롱하다

먼발치서 바라본 간이역은

어둠 속을 파고들고
정차를 외면한 기적 소리에
무너진 척추처럼 팽개쳐진 너
창백한 청춘이 쓰러진 자리마다
역사처럼 남아야 할 혈흔들이 지워지고
두 줄기 철길 위
축축이 젖은 음낭을 내던지고
나는 서 있다
탈선한 바퀴의 그늘에 깔려
등껍질이 벗겨진 신음에 대해
다시 네게 묻고 싶다

뭉크의 절규처럼

황금박쥐

천연의 박쥐 동굴에는 박쥐만 살까
의문의 불화살을 한 짐 쏘아 날려도
칠흑 같은 동굴은 의문의 부호들을 돌려보낸다
박쥐는 밤에만 눈이 밝은
새가 아닌 포유류
날개가 있어 하늘을 나는
동화에서 말하듯 비겁한 짐승일까
동굴 밖
밝은 세상을 두려워하는
그래서 빛을 싫어하는 야행성이다
박쥐만 그럴까
밤을 즐기는 작자들은 어둠을 안주 삼아
소맥으로 취한다
아무도 박쥐의 주정을 비판하지 않는다
비틀걸음마저 지극히 정상으로 보는
박쥐를 닮은 그들이
드디어 동굴을 나와
밤하늘을 덮자

사람들은 그들을 황금박쥐라고 추켜세운다
박쥐의 세상이 돌아오는 것일까

동굴에 은거한 박쥐들이
세상을 어둠으로 덮고 있다는
천둥과 번개의 경고
그들에게는 눈과 입이 날카로운 창이다
동굴의 어둠이 박쥐의 음모를 한층 더 부추기고 있다
음산한 울림이 다시
공정과 상식을 외친다
이제 불가사리처럼 살찐 박쥐는
동굴로 돌아가지 않을 것이다

회 뜨다

생선회를 뜨거나
육회를 치거나
날고기를 먹는 습관은
불을 만나기 전이나 지금이나 마찬가지다
처음부터 우린 야만성을 가지고 태어나지 않았던가
그래서 생식을 즐긴다
세월이 흘러 동굴에서 나올 때쯤
우리는 불의 사용법을 알게 되었고
날것보다는 익힌 고기에 더 친근해질 수 있었다
그래도 야생에 길든 잠재의식은
원시에서 벗어날 수 없었고
사랑은 어디서나
입맛부터 신선한 처음으로 돌아간다
육회나 생선회 한 접시를 놓고
추억 열차를 타고 가는 너와 나
미신의 숭배는 최신식 빌딩에서도 이루어진다
카인과 아벨이 공존하는 모순 속에
현실은 사랑을 제본하지 않는다

그래, 육회를 치듯
생선 살을 뜨듯
원시의 야만으로 돌아가는 것이다
모세 또는 솔로몬의
율법이 구겨진 도시에서
형식의 틀을 깨고
너와 내가 사랑하는 것만이 평화다
아주 야성적으로
아주 야만적으로

거미집

바람이 불지 않아도
집이 흔들린다
세상이 흔들리지 않아도
집이 흔들린다
도시계의 단속반은 예고도 없이
철거를 명령한다
불량주택이란 판정으로
먼저 빗자루가 집을 쓸어낸다
헐어내면 다시 치고 걷어내면 다시 치는 집

단 한 평, 남의 땅을 침범하지 않았는데
신고 없이 지은 집은 무허가란 이름으로
누군가의 구둣발에 무참하게 짓밟힌다
집이 무너지듯 삶이 지워지는
드디어 질서를 위반한 죄목으로
무거운 벌금 고지서가 날아든다
자유 평등을 부르짖는 나라에서
사랑하며 살겠다는 삶의 권리도

누군가의 한마디에 침범당하는
헛간 뒤의 행복인가
씨실 날실 줄로 엮은
땅바닥에 떨어지면 짓밟히는 집
흔들리며 지어지는 허공에 뜬 집
이 집에 내가 산다

기둥도 대들보도 없는 집에서

시간

시간은 어디서나 잠꾸러기다
잠을 자며 일하고
잠을 자며 삼시 세끼 밥을 먹는다
잠을 자며 젖을 빠는 아기를 보라
풀도 나무도 잠을 자며 자란다
산골짜기 시냇물도 잠을 자며 흐른다

시간은 늘 눈을 감고 명상에 잠겨 있다
누가 흔들어도 움직이지 않는다
바람이 흔들어도 일어나지 않는
깊은 잠에 빠져 있는 시간
바람이 대신해서 시간의 위치를 알려준다
알고 보면 시간은 잠을 자면서
제 할 일을 다 한다
게으르게 흐르는 게 시간이다
삶은 시간 속에 녹아드는 백설(白雪)이다

순간, 돌아보니 후다닥 지나간 세월,

시간이 뿌리고 간 먹다 남은 찌꺼기를
얼싸안은 뒤에야 우리는 시간의 정체를 알게 된다
첫 만남과 함께 헤어지는
시간은 또 그렇게 가는 것이다

제4부

강남제비는 청운의 꿈나무다

강남제비는 착한 제비다
춘풍에 시들어 피지 못한 꽃들에
다시 꽃으로 피어나라고
비바람을 일으켜
꽃으로 피게 하는
강남제비는 자원봉사자다
어찌 꽃이 꽃이 아니길 바라겠는가
꽃은 꽃으로 피어나야 꽃
저기 저 강남 빌딩 숲 사이로
날아가는 제비는
날개를 쉬기 위해 꽃밭을 찾는
걸어가는 제비다
두 어깨 축 늘어진 청운의 꿈나무다

산삼에 대하여

오래된 것은 신령스러워
대물이라 했던가
대물은 모두 명약이라고
아무래도 그 말은 지나친 말 같다
세상을 등지고 산속에 숨어들어
신선 놀이 즐기다 도가 부족해
나이만 주워 먹다 백발만 성성한 놈
다른 눈은 속여도 내 눈은 못 속인다
삼이라면 통통한 인삼(人蔘)이라야지
나 같으면 전대를 푼 산삼 한 뿌리 값으로
인삼 한 소쿠리를 사서 장복하리라
오래 묵은 놈이라야 노두만 길쭉할 뿐
산삼 한 뿌리 먹는다고
보신이 되어 명줄이 길어질까
세상에 명약은 없다
살 만큼 살고 나면 누구나 죽기 마련
산삼 한 뿌리라니
금수저의 돈지랄을 나는 안다

심심산골 청맹과니 따위가 만병통치약이라니
허세가 너무 심하다

백마강

백마가 울어
애당초 백마강은 아니었을 것이다
잊어야 할 역사라면
찢긴 가슴 더는, 머물 곳 없는
내가 버린 강가에서 피리를 불어주면
밤새가 찾아와 울어대겠지
부소산성 고란사는 남아 있지만
군마에 짓밟힌 낙화암의 상처는
누가 꿰맬 것이냐
발길 끌어당기는 달빛을 두고
차마 등 돌릴 수 없는
무너진 백제 성터 댓돌에 누워
탑 그림자 베개 삼아
옛노래를 불러본다
내가 지고 가야 할 아픔은 아니지만
백마강 나루터에 묶여 있는 돛배 한 척
언제 어느 날 백강을 나와
항주나, 초주로 흘러들까

밤은 깊어 가고
새벽 이슬길이 너무 차다

새우깡

슈퍼에서 사 온 새우깡 한 봉지
포장된 상품이지만
비린맛 하나로
새우의 자존심을 지킬 수는 없는 일
바다 맛을 내려면
해초 맛도 내야 하고
짭짤하게 간을 맞춰
설탕에 밀가루로 범벅을 한 뒤
온몸을 기름에 튀겨야 하는
아니 한방의 주먹맛도 보아야 하는
새우깡 맛
깡만 살아 있다
새우살에 뼈대가 날을 세운 것은 아니지만
군것질로 술안주로 너는 사라지지만
새우깡 쉽게 깡을 키운 것 아니다
씹지 않고 오래 입에 물고 있어도
스낵은 제풀에 사르르 녹아내린다
강펀치 한 방에 날아간 자존심

아무래도 새우깡엔 깡다구가 없다
씹으면 한입에 바스러지는
별 볼 일 없는 육신
그동안 참 어렵게도 지켜냈구나
죽음마저도 두렵지 않은 깡은
온몸을 내던져야 깡이 되는 것이다

팡세(pensees)

길이 두려운 사람은
길 한가운데 서서 명상에 빠지지 않는다
길로 나서지 않고
길모퉁이에 숨어 세상을 엿보는 자
그대는 시대의 배경으로 남겠지만
가장 어두운 그림자로
또 누군가의 길을 지울 것이다
길에는 제거할 수 없는 장애물들이
하트처럼 깔려 있다
너는 그 길을 들소처럼 돌진할 수 있다고 생각하는가

길이 흔들리는 2차원의 세계
기하학의 원점에서
너는 영혼을 불태웠다고 소리칠 수 있는가
인도에서의 행진은 누구에게나 무리수다
현실의 눈금은 바둑판 같은 블랙홀
상식 밖의 환상은 결코 명상과는 거리가 멀다
보도블록 틈에서 모가지를 내민

민들레를 보아도 알 수 있는
삶의 중심은 어디에도 있고
어디에도 없다
길을 잃은 자는 모두 비틀걸음인가
지구의 축은 언제나 기울 거라고
우리는 모두 상식 밖의 삶을 살아가면서
형식의 리듬에 맞추어 살아가려고 한다

이젠 광세를 잊어라
블레즈 파스칼의 명상에서 벗어나라
어디에도 있고 어디에도 없는 보도블록 틈새
민들레의 부활을 꿈꿀 때
명언은 언제나 우리를 고정관념의 블랙홀로 밀어 넣거나
대못이 깔린 하트를 밟고 가게 만든다

이제
내게서 광세를 태워버려라

라면

각설하고
라면에 무슨 생각 넣겠냐마는
짜장 짬뽕에 무슨 조미료
치겠냐마는
국수사리 또는 라면 사리를
눈물 아닌 맹물에 흥덩하게 말아먹는
니체와 로댕을 고명으로 첨가하는
고리탑탑한, 서글픈 한 끼 식사
채운다는 것보다
때운다는 공식의
하루 식도락(食道樂)의 역사가 쓰여지는
탁자 위에
조각화를 탁본해 본다
고리끼와 도스토옙스키의
곰팡이 낀 대화는 지하에서 숨 쉬고
불어 터진 면 가락의
끊어지는 비애를 입에 욱여넣는다
라면 한 그릇의 수다가

철학일까, 빠져보는

각설하고
배부른 생의 위장 속
아무래도 쉬운 라면 한 냄비
누가 뜨겁게 끓여줄 거냐
그런 탁본 한 장 떠낸다 한들
라면 국물에 말아 구겨 넣는 삶
그건 아니지
너무 슬픈 독백인가,
국물 한번 시원하게 넘겨줄

홍어가 그리운 날

홍어가 그립다고 파도에 갯바람에
뺨따귀 맞아가며 흑산도까지 찾아갈 일 아니다
거긴 찾아봐야 꼬부랑 할마씨들뿐
이미자의 흑산도 아가씨는 육지로 시집간 지 이미 오래전
탱자처럼 쪼글쪼글 할마씨가 되었을 걸
진정 홍어가 생각나면 영산포 거쳐
서울로 가라
서울 골목 귀퉁이 어디라도
홍어는 가스통 열어 놓고 쑥 같은 마음 홀라당 뒤집어 보이겠지
그놈의 홍어 애 좆은, 애간장을 태우면서 널 기다리지 않을 걸
묻지 마라, 구겨진 사랑의 편지
홍어 삼합 좋아하다 홍야홍야 해버리면 책임 못 진다
가라, 가라 서울로, 홍어에게로
원조들은 다 보따리 싸 들고 서울로 상경했다
그래도 홍어 한번 가슴에 품으려면 영산포로 가야제

깊은 밤, 비단이불 깔아 놓고 춘정을 풀어내자면
사나운 뱃길 따라 흑산도로 가야제
파도에 갯바람에 뺨따귀 맞아가며

막걸리 원조

원조라니,
먼저 생각하고 먼저 만든 놈이 원조 아닌가,
먼저 이름 내고 특허 도장 받은 놈이 원조라지만
그래 봐야 이동 막걸리 깊은 맛의 원조는 60년대 초
내 외조모 목포댁의 쌀 막걸리가 처음인데
수십 년 지나 도평리 막걸리가 이동 갈비 유명세 따라
그 이름 풀씨처럼 전국으로 날리더니
포천에서 만든 막걸리는 다 이동이라 불리네
허가도 내지 않고 몰래 만든 밀주를 색싯집과 목롯집에 대주던
내 외조모의 목숨줄 같은 막걸리가 사실은 원조인데
떼어먹은 밀주 세금, 내가 지금 착실하게 마셔대는 것으로 갚고 있지만
그놈의 원조, 원조,
사랑의 원조는 에덴동산의 아담과 이브인가,
거기는 갈 수 없는 술도가 술이 익는 출입 금지 구역
나, 지금 당장 그 길로 들어 원조가 되고 싶다
나를 키워낸 막걸리 원조

폐업

거리의 간판들이 휴업이란 말에 입을 닫는다
닫힌 문처럼 입단속을 철저히 한다
누군가의 지친 마음에서 대못이 빠진 날
한 톨의 불씨라도 지키겠다는 악착같은 집념으로
저토록 무한정 걸려 있는 것이다
엄동설한 얼마나 외로웠을까
오랜 침묵에 주눅이 든
거리의 간판들이 내려지지 않는다
주저앉을 힘마저 바닥이 난 것이다

바퀴에 대한 고정 관념

바퀴의 다양성에 대하여
바퀴는 바퀴를 바퀴라고 부르지 않는다
굴러가는 성능도 중요하지만
다양하게 변형된 모양에 대하여
패션 감각도 뛰어나야 하지만
바퀴는 언제나 지구처럼 둥글다는
관념의 굴레에서 벗어나고 싶어 한다
나는 거기에 가끔 눈을 맞춘다
원이라는 것 내 삶과 너무 닮은꼴이라서
내 눈은 굴렁쇠를 외면한다
시간의 굴레를 돌고 도는
단면의 동그라미가 너무 공허하다
거기, 내 발목 하나가 끼어 있다

바퀴가
삼, 사, 오, 육각형이라야 하는 그런 가정하에
바퀴가 굴러가는 회전수도 세어봐야 하겠지
나는 언제나 둥근 바퀴만 굴리면서 달려간다

다양성을 무시하고 숭배하는 마음으로
모호한 굴림으로 달렸는지 모르겠다
내가 가는 길에는 세모 네모의 바퀴도 있다
어떤 모양의 바퀴라도
힘차게 페달을 밟는 만큼 굴러간다

바퀴에는
물레방아도 봄 언덕의 풍차도
염전의 물을 푸는 수리채도
목화의 꼬리뼈에서 실을 뽑는 물레도
마차 바퀴와는 쓰임새가 다르다
육각형의 바퀴도 천천히 굴러가야 할 길에서는
아니 세모난 바퀴도
내 안에서 구를 만큼 굴러가는 것이다
그렇게 굴러도 바퀴 자국은
세모인지 네모인지 각인 되지 않는다
둥근 자국, 아니 긴 자국만 찍어내서
언제나 슬픈 나의 바퀴여

혁명의 집합체여

탑

나는 탑을 쌓아본 기억이 없다
그러나 탑의 습성 하나만은 알고 있다
세상의 탑이란 탑은 모두
가슴으로 숨을 쉰다는 사실
숨을 쉬지 않는 탑은
탑이란 이름의 껍질을 벗은 지 오래이거나
누군가의 가슴을 떠난
얼굴이 지워진 탑들이다
나는 그 탑들을 찾아
세상을 휘젓고 다녔다

  혼자서 쌓은 탑은 너무 외롭게만 보인다
  쌓은 그 사람도 외로운 건 마찬가지였으리라
  어차피 누군가의 허물어진 삶이라면
  너의 빈 가슴을 채워줄 신의 한마디는 무상(無想)이리라
  어디에다 쌓아도
  비바람에 온전한 탑은 없다

내 안에서 울부짖는 너의 울음을
외면하지 못하는 날
이승의 인연이 끈끈했던 탓일까
탑이라고 불러주면 누구나가 탑이 되는
내 안의 슬픔도 무심의 탑이 된다
바닷가, 부서지는 거품처럼
일어서는 형상 하나

왜 깊은 잠을 부르지 못하는가
너의 긴 한숨에
새우잠을 자지만
시름이 깊어지는 바람 소리
뼈 속에서 흐느낄 때
마음은 더 빙하처럼 시리다
의식을 잃은 네 영혼의 빈자리
봄비처럼 흔들어 잠 깨워본다
무너지는 너를 다시 일으켜 세워보아도
탑……

나는 탑을 멀리한 기억이 없다

금강에 취하다

금강을 안고 사는 사람들은
술을 마시지 않아도 취하는 사람들이다
사람이 강물에 취하는 것은
상류나 하류 어디에서 흘러도
금강에 서면 취할 수밖에
그 강기슭
무너지고 쓰러진 백제의 사비성이
내 가슴 한가운데 모래톱을 쌓는 날
고란사의 종소리는 어찌할 거냐
낙화암의 꽃잎은 어찌할 거냐
황산벌의 단말마는 어찌 잠재울 거냐
나, 금강 기슭에 서면
강물에 빠진 달빛에 취해
갈대울음 한 다발을
풀어 놓고 일어선다
금강을 끼고 사는 사람들은
술을 마시지 않아도 취한 듯 살아가는 사람들이다
금빛 모래 부서지는 강줄기 따라

아주 먼 옛날의 쓰러진 비석 위에
꺼진 혼불 피워내며
석양에 발목 적셔
강물에 쓸려 가는 사람들이다

질경이

보리싹은 엄동 전에
한 번은 밟아 줘야 실한 봄을 맞이한다
길가 질경이도 그렇게 자라지만
질긴 잎새라도 자주 밟히면
찢어지고 뭉개진다
그 상처 위에 새잎으로 돋아나서
꽃을 피우고 씨를 맺는 질곡(桎梏)의 날들

―어쩌다 잘못 든 길이라도
이 길은 처음부터 길이 아닌
질경이의 오랜 터전
어느 무자비한 발모가지가
길이라고 밟고 간

질긴 생명도 오랜 몸살에는
죽음을 밀어내지 못한다
명주실 같은 목숨
질경이는 이 땅에서

끈덕지게 발가락을 꼼지락댄다

누가 질경이 나라를 짓밟고 다니는가

소크라테스

내가 네 술친구면 또 모를 일
아니 내가 네 제자면 또 모를 일
죽어도 네 사상엔 빠질 일 없는
모두가 말 잔치로 호들갑 떨 때
나는 고대에 살지 않았고
세상이 좁은지 넓은지도 몰랐던
너와 친구도
사제 간도 아닌
그렇다고 내가 유교 사상
개펄에 빠져 허우적댈 리 없는

너 자신을 알라
알면 뭐 하는데
내가 아니고 네가 되라고
만약 네가 내 제자면
나는 고대 희랍에 묶여 살겠지
웃기는 소리라고 코웃음 쳐도
서로 간에 알아야 할 이유가 없는

나는 나 자신만 알고
너는 너 자신만 알면 될

서로를 모를 거란 전제하에
겉도는 진실을 덮어버리는
냉정한 현실에
서로의 뒤를 돌아보면 될
공, 맹도 외면한 한가한 날에
소크라테스는
봄날 꽃잎 지듯 떨어지고
나는 나의 궁궐에서 새점을 친다

먼 길 잘 가시라, 소크라테스

지렁이

배로 기는 지렁이는
발이 없는
발이 짧은
천리만리라도
생명이 다해
숨이 멎는 날까지
기는 것이 운명인 듯

배로 기는 지렁이는
눈은 있는가
손은 있는가
더듬이는 있는가
심미안(審美眼)이 아니면
초점을 맞출 수 없는
현미경으로도
너에게선 등뼈 또는 잔가시의
흔적이 보이지 않는
지구를 밀고 가는 지느러미 또는 꼬리가

발견되지 않는다

땅을 긴다는 건 굴종이지만
바꾸어 생각하면 지구를 이고
고행을 몸소 겪는 오체투지다
저 무척추 삶이
그래도 숨을 쉬며
발걸음은 언제나 집을 향하는
너도 꿈은 꾸느냐
우주로 날아가는

누가 지렁이에게 신을 신겨 줄
지팡이를 짚게 해 줄
자선을 베풀 그런 아량 있느냐
지렁이는 오늘도
지구를 배로 밀며 기어간다
누구의 동정이나 도움도 받지 않고
다만, 지렁이로 태어난 천명(天命)을 끌고

시인의 산문

내가 시를 쓰는 이유

단편소설로 소설가라는 이름을 얻은 뒤, 엉뚱하게도 소설집이 아닌 시집을 두 권이나 냈다.

내 몸속에는 소설보다 시혼이 더 깊이 자리 잡고 있었던 것 같다. 그리고 또 30여 년이라는 세월을 절필 아닌 절필로 흘려보냈다.

그러나 나는 여전히 가슴으로 쓰고 있었다. 글이 은연중 수레바퀴처럼 내 삶을 끌고 있었다.

여름 내내 복잡한 가정사로 육체와 정신 모두가 상처를 받았다. 나의 외고집으로 오래도록 연락이 끊긴 아버지와 새어머니 그리고 바로 밑의 동생이 세상을 달리했다는 소식을 한꺼번에 들었다. 그뿐만이 아니다. 고모와 장모 또 내 생모의 하나뿐인 혈육 이모가 돌아가셨다.

내가 왜 시를 썼고 써야 하는지는 솔직하게 말해서 나

도 잘 모르겠다. 이런 책임감 없는 말을 말이라고 내뱉다니, 시를 쓴다는 작자치고는 너무 뻔뻔하다는 생각도 든다.

그러나 한 편 한 편의 내가 쓴 시들을 읽다 보면 이런 시혼이 내 몸 안에 살아 있었기에 쓰고 있는 것은 아닐까. 하는 생각이 든다. 정말 나의 영혼은 시혼에 휘둘렸을까. 문학이 뭔지도 모르는 열다섯 살부터 시와 소설에 미쳐 있었다. 한마디로 해서 내 문학은 들판을 달리는 야생마였다. 형식의 틀을 벗어난 다시 말해서 제멋대로였다.

독자들은 대충 짐작이 갈 것이다. 무작위로 추려낸 시집 제목으로 얼굴을 내민 『젓가락 공식』도 그렇지만, 그래도 나만의 색깔을 보이겠다는 오기인지 취향인지, 아니면 처음부터 길들인 습관인지, 여하튼 험한 세상을 살아온 내 삶처럼 내 시 역시 그럴 수밖에 없었는지도 모르겠다.

    모과가 잘 났다면
    이미 모과이기를 포기한
    아니 변신을 꿈꾸는 변절자일 것이다
    그렇다면 모과는 못나게 태어나야 모과인가

모과는 사람들의 입방아에 관심이 없다
　　못난 놈이라고 아무도 거들떠보지 않을 때
　　모과는 제 몸의 향기를 우려
　　온 세상에 퍼뜨린다

　　천상의 모과 향을 의심하는 자는
　　세상 어디에도 없겠지만
　　모과는 그렇게 못난 얼굴로
　　제 이름값을 알린다

　　못난 놈이라야 모과라고 인정받는
　　　　　　　　　　　　　　―「모과(木果)」 전문

　나는 모과 향을 좋아하고 모과차며 모과 술을 좋아한다. 쉽게 말해서 모과는 못났지만, 모과는 자신의 자존심을 지키며 여전히 그윽한 향으로 사람들에게 대접받고 있지 않은가.
　어쩌면 내 살아온 삶이 모과를 닮았는지도 모르겠다. 그러나 나는 아직 모과처럼 향기롭지도 않고 단단하게 여물지도 않았다.
　그래도 모과 향은 은근한 매력을 풍기고 있다. 남은 인생을 나도 그렇게 살 수 있을까.

어쩌면 모과는, 아니 나는 모과 향에 취해 사는지도 모르겠다.

우유를 처음 먹은 기억은
소젖이 아닌 양젖이었다
엄마 젖 대신 미음을 먹고 자란 나는
젖이 마냥 그리웠다 빨고 싶었다
태아의 자궁이 그리웠던 것일까
본능처럼 느껴지는 탐스러운 욕망으로
우유라는 향수에 젖어 있었다
열다섯에 처음으로 입에 댄 우유는
엄마 젖도 소젖도 아닌 양젖이었다
주인 몰래
짓궂은 친구 네 명이 양다리를 잡고 있을 때
나는 새끼 양처럼 밑에 누워
풍선처럼 부푼 양젖을 두 손으로 움켜쥐고
수도꼭지에 입을 대듯 쭉쭉 빨아 넘겼다
엄마 냄새 같은 상큼한 풀 내음이
목젖을 타고 비릿하게 넘어갔다
엄마의 살맛이 전율을 일으켰다
나는 엄마 맛을 넘기고 있었다
양젖이 아닌 엄마의 젖이었다

우연히 맛본 첫 경험이었다
　　　　　　　　　　　─「양젖을 빨다」 전문

　양젖이라? 사실 나는 조실부모했기 때문에 어머니의 젖을 모르고 살았다. 그러나 내 내면에는 늘 어머니의 젖이 흐르고 있었다.
　사진 한 장 남기지 않은 어머니, 나는 어머니의 얼굴을 전혀 모른다. 그래도 제사만큼은 재방을 써서 제날짜에 올린다.
　기구한 삶을 살아왔고 앞으로도 그럴 것 같은, 나는 여전히 안갯속을 벗어나지 못하고 있다.

　　안갯속에도 뼈가 있다
　　뼈가 없는 안개라면
　　여기까지 걸어오지 못했을 거다
　　대궐 같은 안개의 집도 짓지 못했을 거다
　　기둥 없는 집이 어디 있으랴
　　대들보 없는 집이 어디 있으랴
　　안갯속에는 아무것도 눈에 띄지 않는다
　　그 무엇도 안개는 보여주지 않는다
　　누구나 몸은 뼈가 받쳐주는 것인데
　　뼈는 동물이나 나무에만 있는 것이 아니라

풀에도 있고 물에도 있다
풀이 바람에 넘어지지 않고
물이 바람에 흩어지지 않는 것은
보이지 않는 뼈와 뼈가 엮여 있기 때문이다
뼈가 없다면 안개의 지붕은 날아갔을 것이다
우린 누구나 안갯속에 살고 있다
안갯속에서 서로를 부둥켜안은 너와 내가
안개의 기둥과 대들보 역할을 한다
너와 나는 안개의 뼈일지도 모른다
안개는 비밀을 지키는 게 목적인지
그 어떤 물음에도 입을 열지 않는다
안개는 뼈에 대해
영원히 입을 다물지도 모른다

앞으로도 영원히 그럴 것이다
발자국의 흔적조차 남기지 않는
—「안개의 뼈」 전문

  나는, 아니 내 삶은 안갯속에 나를 감춘 은둔생활이었다. 초라하기만 한 삶은, 어떻게 표현해도 화려하지 않았다. 그러나 그 속에 시가 있었다. 시를 쓰면서 초라한 삶을 바로 세우려 하였다. 그리고 또 시를 썼다. 그러면 홀로 살아온 삶이 바깥세상과 소통하며 아름다워질 수 있지 않을까? "풀이 바람에 넘어지지 않고/물이 바람에 흩어지지 않는 것은/보이지 않는 뼈와 뼈가 엮여 있기 때문"이라 믿기 때문이다.

  누구라도 삶은 대하소설처럼 길다. 여기에 더 무엇을 말해봐야 나의 구차한 치부만 드러날 뿐, 나의 대하소설은 여기에서 접고 앞으로는 압축된 시로 내 삶을 노래할 것이다.

젓가락 공식

2025년 11월 25일 초판 1쇄 펴냄

지은이 _ 한승필
펴낸이 _ 양문규
펴낸곳 _ 詩와에세이

신고번호 _ 제2017-000025호
주　　소 _ (30021)세종특별자치시 조치원읍 충현로 159, 상가동 107-1호
대표전화 _ (044)863-7652
팩시밀리 _ 0505-116-7653
휴대전화 _ 010-5355-7565
전자우편 _ sie2005@naver.com
공 급 처 _ 한국출판협동조합
주문전화 _ (02)716-5616
팩시밀리 _ (031)944-8234~6

ⓒ한승필, 2025
ISBN 979-11-91914-97-9 (03810)

* 지은이와 협의하여 인지는 생략합니다.
* 이 책 내용의 전부 또는 일부를 재사용하려면 반드시 지은이와
  詩와에세이 양측의 동의를 받아야 합니다.
* 책값은 뒤표지에 표시되어 있습니다.